U0164555

心一堂術數古籍珍本叢刊

書名：臨穴指南（虛白廬藏本）【新修訂版原（彩）色本】

系列：心一堂術數古籍珍本叢刊　堪輿類　無常玄空珍秘系列　第一輯　53

作者：【清】章仲山

主編、責任編輯：陳劍聰

心一堂術數古籍珍本叢刊編校小組：陳劍聰　素聞　梁松盛　鄒偉才　虛白廬主

出版：心一堂有限公司

地址/門市：香港九龍旺角西洋菜南街五號好望角大廈一○○三室

電話號碼：+852-6715-0840　+852-6633-7949

網址：sunyata.cc

電郵：sunyatabook@gmail.com

publish.sunyata.cc

網上書店：http://book.sunyata.cc

網上論壇：http://bbs.sunyata.cc/

平裝

版次：二零一七年一月初版

定價：港幣　　三百六十八元正

　　　新台幣　一千三百八十元正

國際書號：ISBN 978-988-8317-38-7

版權所有　翻印必究

香港及海外發行：香港聯合書刊物流有限公司

地址：香港新界大埔汀麗路三十六號中華商務印刷大廈三樓

電話號碼：+852-2150-2100

傳真號碼：+852-2407-3062

電郵：info@suplogistics.com.hk

台灣發行：秀威資訊科技股份有限公司

地址：台灣台北市內湖區瑞光路七十六巷六十五號一樓

電話號碼：+886-2-2796-3638

傳真號碼：+886-2-2796-1377

網絡書店：www.bodbooks.com.tw

台灣讀者服務中心：國家書店

地址：台灣台北市中山區松江路二○九號一樓

電話號碼：+886-2-2518-0207

傳真號碼：+886-2-2518-0778

網絡書店：http://www.govbooks.com.tw/

中國大陸發行・零售：心一堂書店

深圳地址：中國深圳羅湖立新路六號東門博雅負一層零零八號

電話號碼：+86-755-8222-4934

北京地址：中國北京東城區雍和宮大街四十號

心一店淘寶網：http://sunyatacc.taobao.com

心一堂術數古籍 珍本 整理 叢刊 總序

術數定義

術數，大概可謂以「推算（推演）、預測人（個人、群體、國家等）、事、物、自然現象、時間、空間方位等規律及氣數，並或通過種種『方術』，從而達致趨吉避凶或某種特定目的」之知識體系和方法。

術數類別

我國術數的內容類別，歷代不盡相同，例如《漢書·藝文志》中載，漢代術數有六類：天文、曆譜、五行、蓍龜、雜占、形法。至清代《四庫全書》，術數類則有：數學、占候、相宅相墓、占卜、命書、相書、陰陽五行、雜技術等，其他如《後漢書·方術部》、《藝文類聚·方術部》、《太平御覽·方術部》等，對於術數的分類，皆有差異。古代多把天文、曆譜、及部分數學均歸入術數類，而民間流行亦視傳統醫學作為術數的一環；此外，有些術數與宗教中的方術亦往往難以分開。現代民間則常將各種術數歸納為五大類別：命、卜、相、醫、山，通稱「五術」。

本叢刊在《四庫全書》的分類基礎上，將術數分為九大類別：占筮、星命、相術、堪輿、選擇、三式、讖諱、理數（陰陽五行）、雜術（其他）。而未收天文、曆譜、算術、宗教方術、醫學。

術數思想與發展——從術到學，乃至合道

我國術數是由上古的占星、卜筮、形法等術發展下來的。其中卜筮之術，是歷經夏商周三代而通過「龜卜、蓍筮」得出卜（筮）辭的一種預測（吉凶成敗）術，之後歸納並結集成書，此即現傳之《易

一

《經》。經過春秋戰國至秦漢之際，受到當時諸子百家的影響、儒家的推崇，遂有《易傳》等的出現，原本是卜筮術書的《易經》，被提升及解讀成有包涵「天地之道（理）」之學。因此，《易·繫辭傳》曰：「易與天地準，故能彌綸天地之道。」

漢代以後，易學中的陰陽學說，與五行、九宮、干支、氣運、災變、律曆、卦氣、讖緯、天人感應說等相結合，形成易學中象數系統。而其他原與《易經》本來沒有關係的術數，如占星、形法、選擇，亦漸漸以易理（象數學說）為依歸。《四庫全書·易類小序》云：「術數之興，多在秦漢以後。要其旨，不出乎陰陽五行，生尅制化。實皆《易》之支派，傅以雜說耳。」至此，術數可謂已由「術」發展成「學」。

及至宋代，術數理論與理學中的河圖洛書、太極圖、邵雍先天之學及皇極經世等學說給合，通過術數以演繹理學中「天地中有一太極，萬物中各有一太極」（《朱子語類》）的思想。術數理論不單已發展至十分成熟，而且也從其學理中衍生一些新的方法或理論，如《梅花易數》、《河洛理數》等。

在傳統上，術數功能往往不止於僅作為趨吉避凶的方術，及「能彌綸天地之道」的學問，亦有其「修心養性」的功能，「與道合一」（修道）的內涵。《素問·上古天真論》：「上古之人，其知道者，法於陰陽，和於術數。」數之意義，不單是外在的算數、歷數、氣數，而是與理學中同等的「道」、「理」--心性的功能，北宋理氣家邵雍對此多有發揮：「聖人之心，是亦數也」、「萬化萬事生乎心」、「心為太極」。《觀物外篇》：「先天之學，心法也。……蓋天地萬物之理，盡在其中矣，心一而不分，則能應萬物。」反過來說，宋代的術數理論，受到當時理學、佛道及宋易影響，認為心性本質上是等同天地之太極。天地萬物氣數規律，能通過內觀自心而有所感知，即是內心也已具備有術數的推演及預測、感知能力；相傳是邵雍所創之《梅花易數》，便是在這樣的背景下誕生。

《易·文言傳》已有「積善之家，必有餘慶；積不善之家，必有餘殃」之說，至漢代流行的災變說及讖緯說，我國數千年來都認為天災，異常天象（自然現象），皆與一國或一地的施政者失德有關；下

至家族、個人之盛衰，也都與一族一人之德行修養有關。因此，我國術數中除了吉凶盛衰理數之外，人心的德行修養，也是趨吉避凶的一個關鍵因素。

術數與宗教、修道

在這種思想之下，我國術數不單只是附屬於巫術或宗教行為的方術，又往往是一種宗教的修煉手段：通過術數，以知陰陽，乃至合陰陽（道）。「其知道者，法於陰陽，和於術數。」例如，「奇門遁甲」術中，即分為「術奇門」與「法奇門」兩大類。「法奇門」中有大量道教中符籙、手印、存想、內煉的內容，是道教內丹外法的一種重要外法修煉體系。甚至在雷法一系的修煉上，亦大量應用了術數內容。此外，相術、堪輿術中也有修煉望氣（氣的形狀、顏色）的方法；堪輿家除了選擇陰陽宅之吉凶外，也有道教中選擇適合修道環境（法、財、侶、地中的地）的方法，以至通過堪輿術觀察天地山川陰陽之氣，亦成為領悟陰陽金丹大道的一途。

易學體系以外的術數與的少數民族的術數

我國術數中，也有不用或不全用易理作為其理論依據的，如揚雄的《太玄》、司馬光的《潛虛》。

也有一些占卜法、雜術不屬於《易經》系統，不過對後世影響較少而已。

外來宗教及少數民族中也有不少雖受漢文化影響（如陰陽、五行、二十八宿等學說。）但仍自成系統的術數，如古代的西夏、突厥、吐魯番等占卜及星占術、藏族中有多種藏傳佛教占卜術、苯教占卜術、擇吉術、推命術、相術等；北方少數民族有薩滿教占卜術；不少少數民族如水族、白族、布朗族、佤族、彝族、苗族等，皆有占雞（卦）草卜、雞蛋卜等術，納西族的占星術、占卜術，彝族畢摩的推命術、占卜術……等等，都是屬於《易經》體系以外的術數。相對上，外國傳入的術數以及其理論，對我國術數影響更大。

曆法、推步術與外來術數的影響

我國的術數與曆法的關係非常緊密。早期的術數中，很多是利用星宿或星宿組合的位置（如某星在某州或某宮某度）付予某種吉凶意義，并據之以推演，例如歲星（木星）、月將（某月太陽所躔之宮次）等。不過，由於不同的古代曆法推步的誤差及歲差的問題，若干年後，其術數所用之星辰的位置，已與真實星辰的位置不一樣了；此如歲星（木星），早期的曆法及術數以十二年為一周期（以應地支），與木星真實周期十一點八六年，每幾十年便錯一宮。後來術家又設一「太歲」的假想星體來解決，是歲星運行的相反，週期亦剛好是十二年。而術數中的神煞，很多即是根據太歲的位置而定。又如六壬術中的「月將」，原是立春節氣後太陽躔娵訾之次而稱作「登明亥將」，至宋代，因歲差的關係，要到雨水節氣後太陽才躔娵訾之次，當時沈括提出了修正，但明清時六壬術中「月將」仍然沿用宋代沈括修正的起法沒有再修正。

由於以真實星象周期的推步術是非常繁複，而且古代星象推步術本身亦有不少誤差，大多數術數除依曆書保留了太陽（節氣）、太陰（月相）的簡單宮次計算外，漸漸形成根據干支、日月等的各自起例，以起出其他具有不同含義的眾多假想星象及神煞系統。唐宋以後，我國絕大部分術數都主要沿用這一系統，也出現了不少完全脫離真實星象的術數，如《子平術》、《紫微斗數》、《鐵版神數》等。後來就連一些利用真實星辰位置的術數，如《七政四餘術》及選擇法中的《天星選擇》，也已與假想星象及神煞混合而使用了。

隨着古代外國曆（推步）、術數的傳入，如唐代傳入的印度曆法及術數，元代傳入的回回曆等，其中我國占星術便吸收了印度占星術中羅睺星、計都星等而形成四餘星，又通過阿拉伯占星術而吸收了其中來自希臘、巴比倫占星術的黃道十二宮、四大（四元素）學說（地、水、火、風），並與我國傳統的二十八宿、五行說、神煞系統並存而形成《七政四餘術》。此外，一些術數中的北斗星名，不用我國傳統的星名：天樞、天璇、天璣、天權、玉衡、開陽、搖光，而是使用來自印度梵文所譯的：貪狼、巨

門、祿存、文曲、廉貞、武曲、破軍等，此明顯是受到唐代從印度傳入的曆法及占星術所影響。如星命術中的《紫微斗數》及堪輿術中的《撼龍經》等文獻中，其星皆用印度譯名。及至清初《時憲曆》，置閏之法則改用西法「定氣」。清代以後的術數，又作過不少的調整。

此外，我國相術中的面相術、手相術，唐宋之際受印度相術影響頗大，至民國初年，又通過翻譯歐西、日本的相術書籍而大量吸收歐西相術的內容，形成了現代我國坊間流行的新式相術。

陰陽學——術數在古代、官方管理及外國的影響

術數在古代社會中一直扮演着一個非常重要的角色，影響層面不單只是某一階層、某一職業、某一年齡的人，而是上自帝王，下至普通百姓，從出生到死亡，不論是生活上的小事如洗髮、出行等，大事如建房、入伙、出兵等，從個人、家族以至國家，從天文、氣象、地理到人事、軍事，從民俗、學術到宗教，都離不開術數的應用。我國最晚在唐代開始，已把以上術數之學，稱作陰陽（學），行術數者稱陰陽人。（敦煌文書、斯四三二七唐《師師漫語話》：「以下說陰陽人謾語話」，此說法後來傳入日本，今日本人稱行術數者為「陰陽師」）。一直到了清末，欽天監中負責陰陽術數的官員中，以及民間術數之士，仍名陰陽生。

古代政府的中欽天監（司天監），除了負責天文、曆法、輿地之外，亦精通其他如星占、選擇、堪輿等術數，除在皇室人員及朝庭中應用外，也定期頒行日書、修定術數，使民間對於天文、日曆用事吉凶及使用其他術數時，有所依從。

我國古代政府對官方及民間陰陽學及陰陽官員，從其內容、人員的選拔、培訓、認證、考核、律法監管等，都有制度。至明清兩代，其制度更為完善、嚴格。

宋代官學之中，課程中已有陰陽學及其考試的內容。（宋徽宗崇寧三年〔一一零四年〕崇寧算學令：「諸學生習……並曆算、三式、天文書。」「諸試……三式即射覆及預占三日陰陽風雨。天文即預

定一月或一季分野災祥,並以依經備草合問為通。」

金代司天臺,從民間「草澤人」(即民間習術數人士)考試選拔:「其試之制,以《宣明曆》試推步,及《婚書》、《地理新書》試合婚、安葬,並《易》筮法,六壬課、三命、五星之術。」(《金史》卷五十一·志第三十二·選舉一)

元代為進一步加強官方陰陽學對民間的影響、管理、控制及培育,除沿襲宋代、金代在司天監掌管陰陽學及中央的官學陰陽學課程之外,更在地方上增設陰陽學教授員(《元史·選舉志一》:「世祖至元二十八年夏六月始置諸路陰陽學。」)地方上也設陰陽學教授員,於路、府、州設教授員,凡陰陽人皆管轄之,培育及管轄地方陰陽人。(《元史·選舉志一》:「(元仁宗)延祐初,令陰陽人依儒醫例,於路、府、州設陰陽學。」)自此,民間的陰陽術士(陰陽人),被納入官方的管轄之下。

而上屬於太史焉。)

至明清兩代,陰陽學制度更為完善。中央欽天監掌管陰陽學,明代地方縣設陰陽學正術,各州設陰陽學典術,各縣設陰陽學訓術。陰陽人從地方陰陽學肄業或被選拔出來後,再送到欽天監考試。(《大明會典》卷二二三:「凡天下府州縣舉到陰陽人堪任正術等官者,俱從吏部送(欽天監),考中,送回選用;不中者發回原籍為民,原保官吏治罪。」)清代大致沿用明制,凡陰陽術數之流,悉歸中央欽天監及地方陰陽官員管理、培訓、認證。至今尚有「紹興府陰陽印」、「東光縣陰陽學記」等明代銅印,及某某縣某某之清代陰陽執照等傳世。

清代欽天監漏刻科對官員要求甚為嚴格。《大清會典》「國子監」規定:「凡算學之教,設肄業生。滿洲十有二人,蒙古、漢軍各六人,於各旗官學內考取。漢十有二人,於舉人、貢監生童內考取。」學生在官學肄業、貢監生肄業或考得舉人引見以欽天監博士用,貢監生童以天文生補用。」學生在官學肄業、貢監生肄業或考得舉人後,經過了五年對天文、算法、陰陽學的學習,其中精通陰陽術數者,會送往漏刻科。而在欽天監供職的官員,《大清會典則例》「欽天監」規定:「本監官生三年考核一次,術業精通者,保題升用。不及者,停其升轉,再加學習。如能黽

勉供職，即予開復。仍不及者，降職一等，再令學習三年，能習熟者，准予開復，仍不能者，黜退。」除定期考核以定其升用降職外，《大清律例》中對陰陽術士不準確的推斷（妄言禍福）是要治罪的。《大清律例‧一七八‧術七‧妄言禍福》：「凡陰陽術士，不許於大小文武官員之家妄言禍福，違者杖一百。其依經推算星命卜課，不在禁限。」大小文武官員延請的陰陽術士，自然是以欽天監漏刻科官員或地方陰陽官員為主。

官方陰陽學制度也影響鄰國如朝鮮、日本、越南等地，一直到了民國時期，鄰國仍然沿用着我國的多種術數。而我國的漢族術數，在古代甚至影響遍及西夏、突厥、吐蕃、阿拉伯、印度、東南亞諸國。

術數研究

術數在我國古代社會雖然影響深遠，「是傳統中國理念中的一門科學，從傳統的陰陽、五行、九宮、八卦、河圖、洛書等觀念作大自然的研究。……傳統中國的天文學、數學、煉丹術等，要到上世紀中葉始受世界學者肯定。可是，術數還未受到應得的注意。術數在傳統中國科技史、思想史，文化史、社會史，甚至軍事史都有一定的影響。……更進一步了解術數，我們將更能了解中國歷史的全貌。」（何丙郁《術數、天文與醫學中國科技史的新視野》，香港城市大學中國文化中心。）

可是術數至今一直不受正統學界所重視，加上術家藏秘自珍，又揚言天機不可洩漏，「（術數）乃吾國科學與哲學融貫而成一種學說，數千年來傳衍嬗變，或隱或現，全賴一二有心人為之繼續維繫，賴以不絕，其中確有學術上研究之價值，非徒癡人說夢，荒誕不經之謂也。其所以至今不能在科學中成立一種地位者，實有數因。蓋古代士大夫階級目醫卜星相為九流之學，多恥道之；而發明諸大師又故為恍迷離之辭，以待後人探索；間有一二賢者有所發明，亦秘莫如深，既恐洩天地之秘，復恐譏為旁門左道，始終不肯公開研究，成立一有系統說明之書籍，貽之後世。故居今日而欲研究此種學術，實一極困難之事。」（民國徐樂吾《子平真詮評註》，方重審序）

現存的術數古籍，除極少數是唐、宋、元的版本外，絕大多數是明、清兩代的版本。其內容也主要是明、清兩代流行的術數，唐宋或以前的術數及其書籍，大部分均已失傳，只能從史料記載、出土文獻、敦煌遺書中稍窺一鱗半爪。

術數版本

坊間術數古籍版本，大多是晚清書坊之翻刻本及民國書賈之重排本，其中豕亥魚魯，或任意增刪，往往文意全非，以至不能卒讀。現今不論是術數愛好者，還是民俗、史學、社會、文化、版本等學術研究者，要想得一常見術數書籍的善本、原版，已經非常困難，更遑論如稿本、鈔本、孤本等珍稀版本。

在文獻不足及缺乏善本的情況下，要想對術數的源流、理法、及其影響，作全面深入的研究，幾不可能。

有見及此，本叢刊編校小組經多年努力及多方協助，在海內外搜羅了二十世紀六十年代以前漢文為主的術數類善本、珍本、鈔本、孤本、稿本、批校本等數百種，精選出其中最佳版本，分別輯入兩個系列：

一、心一堂術數古籍珍本叢刊
二、心一堂術數古籍整理叢刊

前者以最新數碼（數位）技術清理、修復珍本原本的版面，更正明顯的錯訛，部分善本更以原色彩色精印，務求更勝原本。并以每百多種珍本、一百二十冊為一輯，分輯出版，以饗讀者。

後者延請、稿約有關專家、學者，以善本、珍本等作底本，參以其他版本，古籍進行審定、校勘、注釋，務求打造一最善版本，方便現代人閱讀、理解、研究等之用。

限於編校小組的水平，版本選擇及考證、文字修正、提要內容等方面，恐有疏漏及舛誤之處，懇請方家不吝指正。

心一堂術數古籍　珍本　叢刊編校小組

心一堂術數古籍　珍本　叢刊　整理　序

二零零九年七月序
二零一四年九月第三次修訂

《臨穴指南》原本（虛白廬藏足本）提要

《臨穴指南》，原書一冊不分卷。清章仲山撰。清鈔稿本。原線裝。虛白廬藏本。未刊稿。心一堂據虛白廬藏本原色精印出版，輯入心一堂術數古籍珍本叢刊。

章甫，字仲山，自號錫山無心道人，江蘇無錫梁溪人。乃清代中葉三元玄空地理名家，流傳著述有《地理辨正直解》、《天元五歌闡義》、《元空秘旨註》、《心眼指要》、《臨穴指南》、《陰陽二宅錄驗》（《仲山宅斷》）、《保墓良規》、《章仲山挨星秘訣》（輯入心一堂術數珍本叢刊，經已出版）等。傳子雲谷、孫其渙，門人有桐鄉陳柳愚、長州柯遠峰、金匱錢荊山（即錢韞巖）、吳縣徐嘉穀、湖州陳陶生、金匱陶康吉等。

據章氏於道光元年（一八二一年）的《地理辨正直解‧自敘》云：「今去（蔣大鴻）先生未久，……百年之近。」蔣氏為康熙初年時人，百年之後，則章氏當生於乾隆中期。又據武進李述來亦於道光元年寫的《地理辨正直解‧跋》云：「神明其道于大江南北已三十年。」往上而推，則章氏當在乾隆末期即已以堪輿術行道。再據《章仲山挨星秘訣》內〈北斗七星打劫〉一節中云：「蔣傳姜、姜傳張，張抱道，不輕言，大江口，歲乙卯，傳斯篇。」章氏確實屬於蔣大鴻嫡派真傳，源自姜垚一脈，中歷張右雷、姚赤電二代，於乙卯年得傳。此乙卯年應即乾隆六十年（一七九五年）。經嘉慶，至道光，章氏已是名滿江浙的一代地理名師。因為章氏及其門人多在無錫、常熟一帶行道，遂被後世稱作三元玄空六派之一的「無常派」。

心一堂術數古籍珍本叢刊　　　　　　　　　　　二

　　章氏一派影響其後堪輿界甚鉅，如華湛恩《天心正運》、溫明遠《辨正續解》、高守中《地理冰海》等（以上皆輯入心一堂術數古籍珍本叢刊，陸續出版），皆甚推重章氏之言。唯章氏作法是以挨星訣為核心，并以後天九宮飛星作挨星，即以山向二星入中順逆飛佈九宮作為擇地、佈局、立向、斷事等推演吉凶之本，若與蔣大鴻其他門人所傳及當時玄空各派之作法：多以先後天等法乘元運擇地、佈局，再以挨星等訣立向，二者比較，無常派明顯已有側重。此況亦影響了清末的沈竹礽（一八四九—一九零六），沈氏終其一生都在破譯章氏三元玄空作法種種，後在章氏後人處以重金借抄得《陰陽二宅錄驗》，才從中悟出章氏挨星之法，從亦以飛星為主，後由其子沈�305民及諸同門，在民國初年集成《增廣沈氏玄空學》（《增廣沈氏玄空學附仲山宅斷秘繪稿本三種、自得齋地理叢說稿鈔本》，輯入心一堂術數古籍珍本叢刊，經已出版。）將秘訣公諸於世。同時期亦有談養吾著《大玄空路透》、《大玄空實驗》、《辨正新解》，尤惜陰著《宅運新案》、《宅運撮要》、榮柏雲著《二宅實驗》等，推波助瀾，飛星法乃成三元玄空顯學，蔚為大宗，影響至今。

　　據虛白廬藏清同治十二年（一八七三年）章氏後人重刊本《心眼指要》後序，章仲山之孫章品咸在章氏家族經歷太平天國軍隊戰火後，云：「咸豐丙辰（一八五六）秋，偶於殘篇中得先大父遺稿，曰《陰陽二宅錄驗》，繪圖詳明，言之鑿鑿。顧其所梓行《地理辨正直解》、《天元五歌闡義》、《心眼指要》等書，又語多隱奧，常以天律有禁為可畏……與其書中所云，不敢浪泄天機者，將毋同耶？」由是可知，章仲山在公開刊刻的著述如《地理辨正直解》、《天元五歌闡義》、《元空秘旨註》、《心眼指要》，不少訣法確實沒有完全公開，章氏後人尚藏有章氏的秘藏手稿，記載章氏地理的不外傳心法及風水案例，從未公開刊刻，只有鈔本在內部流傳。而章仲山之孫章品咸則在序中稍稍透露了其中一本章氏遺稿《陰陽二宅錄驗》。相信當時沈竹礽，便是看到同治十二年（一八七三年）章氏後人重刊本《心眼指要》後序後，在光緒戊寅（一八七八年）便去尋訪章氏後人，以重金借抄得《陰陽二宅錄驗》。

然而，章氏遺稿，當非只有《陰陽二宅錄驗》一篇。民國談養吾，初師從章氏外戚楊九如，其著《談氏三元地理大玄空實驗》卷四中，即節錄其師楊九如藏的章氏遺稿《臨穴指南》部份。此外，民國二十二年（一九三三）王則先增編六卷本《沈氏玄空學》時，摘錄了「友人秘本」中論玄空大卦與奇門同出一源的〈坤壬乙訣起例之由來〉一節，附入卷五《玄空輯要》之內。此「秘本」即《章仲山秘星秘訣》（《章仲山拗馬秘訣》）」（輯入心一堂術數古籍珍本叢刊，經已出版）。

長期以來，因為《臨穴指南》只有談養吾《大玄空實驗》節錄本，往往容易誤以為《臨穴指南》與《陰陽二宅錄驗》（沈竹礽節錄本改名《仲山宅斷》，輯入《沈氏玄空學》中）乃同書而異名。今觀本書虛白廬藏本《臨穴指南》，可知二者實是兩書。《臨穴指南》以五六運案例最多，前有章仲山自序，文中又多用第一身稱呼。而沈竹礽節錄本《陰陽二宅錄驗》（《仲山宅斷》）則以七八運最多，文中又多有「仲山曰」等語。故此相信，《臨穴指南》當是章仲山得訣後覆墳（宅）之記錄，而《陰陽二宅錄驗》（《仲山宅斷》）當是後來章氏門人記錄章氏陰陽二宅的宅案。相對而言，《臨穴指南》可說是章氏遺稿秘中之秘。

心一堂術數古籍珍本叢刊輯入的虛白廬藏本《臨穴指南》中二宅宅案約一百五十例，乃是《仲山宅斷》的宅案近三倍之數。其中宅案，皆為極珍貴的三元玄空「無常派」資料。若能持之與章氏公開刊刻的《地理辨正直解》、《天元五歌闡義》、《元空秘旨註》、《心眼指要》四書、另外無常派秘本如：《章仲山挨星秘訣》、《章仲山宅案附無常派玄空秘要》、《章仲山門內秘傳二宅形氣確驗》、《章仲山秘傳玄空斷驗筆記附章仲山斷宅圖註》及無常派玄空另一經典《堪輿一覽》（以上輯入心一堂術數古籍珍本叢刊）等書對讀，當有會心，可以窺知無常派的真傳奧秘。

心一堂術數古籍珍本叢刊

　　讀者并可參考《臨穴指南選註》（心一堂術數古籍整理叢刊輯・堪輿類，梁國誠著）。作者以心一堂術數古籍珍本叢刊・堪輿類・無常派玄空珍秘《臨穴指南》（虛白廬藏本）為底本，選取了其中十八個案例註釋：不單從文字的註解、版本的考證，更以作者多年經驗及與古籍比對，加以闡釋，將前人隱而不發之真機，無私的向讀者披肝露膽。並親身前往無錫實地堪察，手繪地貌復原圖，并運用先進科技航拍照片，強化書中內容，熬歷了多時而成集。把作者鑽研多年的心得導出，與堪輿學愛好者共同研究，開闢出一條捷徑，協助讀者破譯無常派玄空秘本《臨穴指南》中奧秘。

四

臨穴指南小序

古云地理之道看書不如覆墳多又云得法歸求好看書故巒
頭為體理氣為用然歷求談地理者巒頭有証竟作開場大旨
理氣無傳反笑愚惑之叱說人所共信殊不知名雖葵地實係
葵天地隨天轉艮不誣也近有時師共遵假捏三元之法某運
某向鐵板不易可發一笑要知元運元元各向可立蓋以砂水
峰巒應立本元何向方稱玄空秘旨奚如時師在夢說三元之
法子子既得其法又精參舊地運會胸中是以登地觀局勢必

探其何運所遷自符於法草錄斯本因名之曰臨穴指南未識

可卜　高明一笑否

梁溪章仲山識

三八七　　二�9　　一五九　　人二七
一六二　　四　　　　人三四
乞

常州張宅　一運癸山丁向　坎氣

坤水曲朝離向透迤合聚巽方折消艮出

葵時有二子長行二次行四俱窘迫葵後

長生三子漸能讀書入泮補廪以後連生

葵者之曾孫書香不斷入泮頻頻名師噴

噴財氣不缺亦不大旺次子自身捐州同

生五子各捐職次子出仕縣丞并署縣篆

葵時即為水客大發資財豪氣森森凡常

公事與府縣會同紳士共推為倡蓋重義
輕財故稱百萬其實分時祇有四十餘萬
現今藝者曾孫出仕微員亦署縣篆然而
有當者亦有大敗者不過地已美矣未能
十全此局取得輔星成五吉

二　七
五　三　九
一　　　四
八

楊宅 田龍　一運亥山巳向

大龍身自坤而來轉庚酉辛戌乾亥壬子

參丑艮寅而去此地之氣從乾腰落向巽

開窩作乾氣乾方湖水巽震水柴山開面

彎環自明迄今科甲連綿富稱百萬人丁

大旺

石塘灣孫　　二運子山午向

庚酉辛大塘河水自坤離巽震復轉辰巽

消出其坎方直濱當背冲來龍氣模糊有

似兌來有自離方過河而求核問諸師皆

不知主何龍脈但知龔後本身發有五六

十萬地之佳美在一水得神閱地者可不

細心耶

八六七
四 八三
乙 庚
三
一五
九
七

錢狀元祖墳　錢茶山

二運丑山未向　艮龍

左右二山環抱坤峰高遠而秀美可愛未

坤太湖光亮離方圓塘如鏡貼近茶山係

唐子生故發維城公狀元

無錫　鄒宅　三運卯山酉向

卯高山尖頂落脈縮細又聳尖頂仍落脈
生石鉗鉗前土墩緊靠墩龔左右山形一
如圈椅土埓軟砂數層以作內襯乾峰遠
出十餘里堂氣寬大巽離坎水皆聚堂內
庚酉辛方龍游河水十餘里長屈曲來朝
故發忠倚公狀元

五
三　六
八　七　二
　　四
　　　九
三　五　一
七　八　四
六　　二

稽中堂祖墳 在軍帳山

三運　子山午向

乾亥來龍轉坎 入首艮蕩坤水曲至離方

大開洋消出巽酉辛戌低田細看結穴在

極低處可見手法之妙

六一八
七二　
三五　

二八四
七六八

八三七
　九四

蘆橋薛宅　三運　午山子向

離方高山出脈落平田結穴。坎坤震巽乾

水巽後大發丁財此局所謂卯山卯向之

局也

吳趙家山 雍正二年甲辰葵

三運 辛山乙向

四八九	八三四
六一五	一五九
二三七	六七二

甲卯乙大塘遷後乙卯年中舉二人丙辰

進士丁巳進士辛未又一人保舉經學此

亦一吉之局最長久。

錢伯坰祖墳

三運 丙山壬向

二六七	四九八
四八三	二七三
九一五	六五一

平地開窩甲庚壬丙水亮出神童

施宅　小洪橋

四運　酉山卯向

屋後低田兌水遠來不見從乾坎至艮轉
甲卯乚橫過至巽巳方橋下消去宅中有
池大發丁財入泮一人寡居三四

八四三
八二七
八六九

三八七
一六二
四四九

二六一
六
四五

乙辛
坤二六
三

前州　唐　　四運　甲山庚向

巽方大龍身從乙卯甲寅艮丑而去寅甲

方腰落結穴左右小砂環抱內堂壬水潴

如鏡亮過亥到戌乾又開洋圓亮如鏡辛

酉狹細庚申又亮如鏡坤又狹細不見水

光未丁又亮如鏡仍從坤申轉至庚酉辛

方又大開洋如鏡再轉至未大河更大開

洋如鏡共計大小圓亮水光六節貫串連

珠若是之地亦天功神巧財有二十餘萬

長房有五孫次房有二孫然則富既已得

貴必將來也

　　王武沂　四運辛未
　　　　　　　年用庚山甲向

酉辛戌乾亥壬子癸丑艮寅甲卯乙辰巽

巳一圈亮水自遶巽後癸酉科中舉連捷

共發三進士　六運又附巽兩穴

五　九　九四　一五
七二　二六　六一
三七　四八　八三

蔡卓如戚塘　四運庚山甲向

五　九　一
七　二　六
三　四　八

九　四　五
二　六　一
七　八　三

甲

辛巳年葬父塋

辛戌來龍乾坎坤巽震水消艮六運發科

六　一　二
八　三　七
四　五　九

二　七　六
九　五　一
四　三　八

王金麻子　四運　癸未年用巳山亥向

午丁未申庚一路水從乾轉至艮方屈曲

消出癸上河水亮初遷不利交乾隆三十

二年丁亥八中五運發財起至六運財秀發

三年戊子七中五運發財起至六運財秀發　均發

二六　六二　七一
四四　八九　七五
九八　一七　五三

八三　四八　三七
六一　二六　七二
一五　九四　五九

殷梅村陽宅　四運壬山丙向

巽屋坤水來離橫過至巽消丁卯年痢疾

傷三丁心痛

鄭華官祖墳　年用（癸酉）四運酉山卯向

坤高山巽龍轉兌落脈坎低艮池水震橫

過至巽曲消明堂寬平艮上興峰近巽遠

長房絕交　五運（甲申）發財起至五十六年季子官訟

敗年于酉合癸子生命至庚午年中興（四十二　八半）

一五六　　六一二
三七二　　八三七
八九四　　四五九

四八　　八四九三
六六　　一二五七
二一　　三九七五

陶沅祖墳管社山五運乙山辛向

丑艮寅甲卯乙辰巽巳高山卯上半山微

有脈卽依腳葵在半山巳丙空乾亥潤水

從兌橫過至申消出未坤太湖湖中有小

圓山一座遷後大發丁財丁卯年發科

　　其住宅　六運造癸山丁向

坤離巽橫街巽上另有一街住後多病運七

乙丑年依原向重新翻造而安

錢祖官祖墳　五運丁山癸向

即新濱橋　子銘祖精堪輿

丁峰坤山庚酉山遠申庚來龍坎低田艮

內堂浜水至卯見亮丑艮寅外堂大水從

甲卯乚至辰巽消出未上插浜水從丁午

丙巳至巽辰合消丁丙屋遮午水見亮於

乾隆三十八年癸巳葬後大發丁財後於

四十四年己亥又葬同向

一六五
五一九

八四九
三八四

三二七
七六二

三七八
四八九

五九四
六一五

一二六
二三七

六運 五十二年丁未又另葬辛山乙向 山地

坤兑乾高山坤氣庚酉辛潤水卯乙池水

艮墩貼近寅高峰巽後大發丁財嘉慶十

二年傷女丁十四年產亡十六年傷兩小

丁十二年至十六年犯 欽部官司未

破家財 其住宅五運造子山午向九間

門面六進靠東第四進作米倉有旺神靠

東第五進作倉無旺神

偶見一墳　五運　乙山辛向

坤申來水庚酉辛至戌乾聚亥消丁財亦（横過）

好於六運合葬即大不利所云不知用法

豈可妄為人遷葬古語云我葬出公卿你

葬出賊四艮不誣也知此用法者斷不可

為其合葬必勸其改向另葬如果必欲合

葬務必勸其將前葬之棺同新改向合葬

否則雖至戚交好斷不可代其葬也

五運　酉山卯向　丙氣

六一二
一五六

八三七
三七二

四五九
八九四

局出局不能保也

破敗庚申辛酉年連傷五丁此為一吉之

辰巽直水遷後交六運中甲申寅年犯人命

五運　庚山甲向　離氣

九五四
四九八

七三八
二七三

二一六
六五一

運即於是穴是向發開動棺重新分金後

卯蕩庚酉平田巽後四子皆不生育至六

六七年四子即育財亦好此亦一吉之局

可保長久前一局出運即敗故地理玄奧

千變萬化全在活潑潑精參其妙然口不能

傳貴乎心領神會故同一吉局遲速相去

天淵奚能盡一耶此所謂我葵出公卿也

　　五運　　未山丑向

亥壬子癸水來甲卯乙辰巽水來會合丑

艮寅方消出遷後大房生男難育二房有

丁財少三房剋妻

七二三　二六七
九四八　四八三
五六一　九一五

二六七　五九一
四八三　七二六
九一五　三四八

三　一
九　四

一　八
一　九

二　六
一　五　七

五運

坎水卯水出賊一地子癸水至坤未方消
出一家靠東遷子山午向窮而出賊一家
靠西遷丁山癸向丁少財大好一家遷午
山子向出瘋疾一墳吉凶各異穴向亦不
一向吉凶各判所謂左挨右挨運用只在
指掌之間又云水邊花發水中紅也

五運　壬山丙向

巽上來水丙上亦見水坤上三义消出壬

　六二一
　七三二

方艮寅水亦歸壬消出卯上來龍遷後長

　四九五
　五一六

次兩房絕四六兩房好

　八七三
　九八四

唐　五運　攢癸山丁向

　三七八
　四八九

巽上浜水從離橫過未坤消兌方有屋貼

　五九四
　六一五

近常有落胎之患

　一二六
　二三七

一　二三
九　四八
　　八

依六運挨

三　七二
八　六九
　　七

蔡培祖墳　戚塘　五運庚山甲向

乾求龍轉庚酉入首五里湖在丑艮寅
方坤離巽卯坎水合消艮方入五里湖遷
後大敗兼傷數丁至六運初年原向補葬
即大發培戊辰舉人己巳翰林　葬天之
說覆看此墳誠不謬也故地有前葬凶而
後葬吉者亦有前葬吉而後葬凶者皆關
時候理所必然也此地先葬於五運之中

五運庚甲盤

二九　七五　六四

九八　五一　七二

四三　三五　八六

三七八　四八九

五九四　六一五

一二六　二三七

至六運只隔十二三年尚經大敗更能於

六運初仍肯輕信形家於原地原向附葬

催吉其既葬轉吉附葬又吉二吉並至故

能速效殆亦蔡氏之數形家之妙非時師

之庸庸可比也　　其陽宅五運造癸山

丁向巽上浜水從離橫過至庚酉方曲消

巽上節孝坊靠東一家亦五運造同向丁

財好二子一女皆啞

五乙辛　　六甲庚

二六七五六六　　三三八六七三

九三五㽞三　　四三二㽞二八

四三三元八四　　五三四九九五

六巽乾

三二八五七六　　三八四八七九

元三㽞二二　　癸㽞二五

五八四元九八　　五二四五九九

六癸丁

吳宅　抓村　五運　乙山辛向

乾兌池水從坤離方低田流去巽太湖卯

氣於六運附巽甲山庚向又補巽巽山乾

向丁財大旺小秀　其佳宅六運造癸山

丁向前三間一㢱三進後五間一㢱三進

第四進靠西一房巽門本與幼童臥其童

子俱病腹中有塊改民門令其不開以通

奧妙數月房內童子五六人病皆愈

祝源茂　無錫　五運癸山丁向
（北門）

一間三進樓房乾上大塘河水來從兌坤
離巽止巽上另有水來合成三义轉艮消
屋遮發財五六萬金至六運末年靠東買
大房一所另開大門原向多病傷丁出寡
大敗　黃黑相遇　又六間一㢋四進
前橫街巽上另有術路第三進靠東房内
多瘧疾

三七八　四八九
五九四　六一五
一二六　二三七

四八九　八四三
六一五　六二七
二三七　一九五

三七八　四八九
五九四　六一五
一二六　二三七

六一二　二七六

四五九　四三八

八三七　九五一

七二三　九四五

九四八　二六一

五六一　七八三

謝堯年祖墳　四運乾山巽向

乾上出脈落平田結穴し辰巽巳丙案山

朝拱有情巳上求水至巽辰方其間四曲

坤申有水為屋遮攔未丁午丙水至巽合

聚到卯し上開洋丑艮方屈曲消出遷後

丁財大旺此為五吉之局其地左邊有蔣

承祖一墳五運乾隆三十四年乙丑用戌山辰向發

財五萬餘至七運入泮

一　二　三　四
八　　　　　五
七　六　　　九

九　八
二　七　一
　　三

四　二　五

吳探花祖墳　六運戌山辰向

艮高山透迤屈曲由坎轉乾起雙峰落脈。

吐唇三十餘丈左主山為砂右即從乾峰

下拖出短山稍縈縈環抱卵蕩貼近巽離

坤太湖湖外高山峰為朝案峰共稍歪斜

師記曰風裹蓮花雙並蒂鵁鶄金鯉戲定

向時又曰可惜狀元旗不正他年定中探

花郎果符其言

王御史祖墳在新塘鄉秦皇山之北

六運　丁山癸向

離方高山貼近出脈起墩坤方低窪巽卯

澗水流至艮狹細聚坎出注壬亥方無朝

案亦發

心一堂術數珍本古籍叢刊　堪輿類　無常派玄空珍秘系列　三

二七
四
八三

七二
六
四一

五三
二
四八
九六

周延儒祖墳 在宜興紅林里

六運　庚山甲向

辛酉主山頂峰不正貼身出脈吐唇數十

丈唇頭偏斜南高山為砂北土埠三層繞

抱丙高山峰甲卯乙案山拖出兩山腳直

射攏堂案外高峰在甲方直挺形如寶塔

離巽水合聚卯方轉艮消坎明堂寬曠有

數十餘畝

五一九　一六五
三八四　八四九
七六二　三二七
八四三　四八九
一九五　二三七
六二七　六一五
二七六　一五六
九五一　三七二
四三八　八九四

六運　辛山乙向

乾兌氣卯乙水坎上有水至艮轉灣於運
末辛酉年五月產丁

又　丁山癸向

庚酉辛水來至乾亥停蓄從田內流至艮
方轉卯出大河藝後駁雜不堪人口不寧
至辛酉年改藝巳山亥向然後病者漸愈
而人口亦安

六運

寅山申向

三七八　六一二

五九四　八三七

一二六　四五九

坤申方大水肚飽黃病〇

六運

申山寅向

六一二　三七八

八三七　五九四

四五九　一二六

丑艮寅方大水〇坤申方城樓長子出軍前

執算軍需大發次子因奸傷足〇

五一
七　　四
六

五
九　八
二　六

三
六
八

王姓　六運　丙山壬向

未坤上屋午丁方小池卯上澗水至艮寅

聚從坎上低田內流至乾方曲消甲卯乙

辰巽巳山環繞兌大山高聳木形鑿石山

頭形破丁財稍可丙氣余覆其墳為其言

曰西方有一中年女子面紫身長性燥者

不可與往來久後必有累王以為戲言吾

云非詭言也此女累在庚申辛酉年可見

此情惟汝自知玉黙然後數年遇見謝曰

幸先生點化否則定遭其大累

　　盛耀祖父墳　六運乾山巽向

　乙辰巽巳丙午丁未坤水乾峰乾氣酉辛

峰艮峰長房絕次房有一丁於七運初年

六七八月病竟至口不能言手足卷縮於

是年甲子十月改葬戌辰兼辛乙向病卽

愈口能言手足亦好也

一五六　二七六

三七二　九五一

八九四　四三八

二六七　九四五

四八三　二六一

九一五　七八三

一五六　二七六

三七二　九五一

八九四　四三八

八四三　四八九

六二七　六一五

一九五　二三七

廉一新祖墳　六運巳山亥向

坤申一股小水辛酉一股小水二水合流

至乾灣轉到坎消出巳年葵下丁財大

損於是年七月傷丙寅丁庚戌年九月又

傷戌辰丁庚申年八月又傷丁

湯丁莊陽宅　六運癸山丁向

六間一厤五進第四進東首作房女人血

症死又換老三為房亦血症死

南宅　王景南父墳　六運午山子向

四八九　八四三

六一五　六二七

二三七　一九五

離方高山落脈數里朝北結穴坤界酉辛

壩水响坎水來轉艮寅聚甲上木橋卯上

三叉消出巽屋遮邌後駁雜多端兼無子

五九一　九五四

七二六　七三八

三四八　二一六

余於嘉慶十年乙丑七運為其改丙山壬向

十二年丁卯得子庚午年又得子此即穴

憑山向元空定兼合時宜也

一六　　五一九
八四九　三八四
三二七　七六二

六二一　九五四
四九五　七三八
八七三　二一六

陳裕祿浴社　六運　乚山辛向

亥乾戌浜水至辛酉庚潤大坤消去艮方

另一插浜直豎穴後藝後萬金家業六百

餘畝田一敗如灰寡居五六人

強　陽宅　六運　丑山未向

七間一㢆四進巽上浜水從乚卯甲至寅

艮曲折消去第四進靠西間令其作書房

開艮門門路口間安放爐竈庚辰生入泮

三四
反八
八四
七三　九

六
六兩
二
二五

病

五一
四三伏
四九
九七　五

彭　陽宅　六運　癸山丁向

兩間一帶五進午丁壩水響從坤轉庚酉

潤大辛戌方消出離竈丁財大妙多頭眩

周　陽宅　六運　癸山丁向

第一帶一間三帶兩間三帶靠東一間靠

西二間中空地一塊有井一口第四進三

間五帶三間出神童

四八九　八四三

六一五　六二七

二三七　一九五

陽宅　六運　午山子向

離高峰乾上木橋艮上石磧乾來水從坎

艮至卯消當時傷二丁數萬家財敗完

陽宅　六運　坤山艮向

艮水卯屋言其丁財好病該腹中有塊若

六一二　三七八

八三七　五九四

四五九　一二六

家中養牛必被牛撞一一皆准何也為卯

上屋脊相冲故也二為坤坤為腹為牛卯

上有屋脊相冲能無然乎

陶恒益陽宅 六運丑山未向

六二一
九五四
巽上三义兑上浜頭從申坤未丁午至巽

四九五
七三八
合聚門前照牆上望見樓屋參差不齊病

八七三
二一六
人夢中見穿月色衣女人

六運 午山子向

四八九
八四三
巽小浜水從艮轉有嚙水响坎狹小橫過

六一五
六二七
至亥乾斜飛出庚酉辛大開洋血症傷丁

二三七
一九五
火災兌方蟻聚出賊

癸丁

八四三　四八九

六二七　六一五

一九五　二三七

壬丙

五九一　七三二

七二六　五一六

三四八　九八四

六一二　三七八

八三七　五九四

四五九　丁二六

趙大祖墳　六運　癸山丁向

艮龍離水其住宅亦六運造壬山丙向艮

乾水响交七運傷三丁大敗

又　申山寅向

艮水酉辛水來從坤轉至巽消坤上小石

橋橋外山巽上遠峰入泮一人屬兔人淹

死

六運　　癸山丁向

癸丑艮高山出脈乾上潤水响從兌坤流

至離方聚艮上拖出一條山岡卯方低巽

又高山初遷杆交進七運傷丁賊偷血症

又一家葵壬山丙向

出瞎眼者兩人諒由乾巽二處水出皆虧

之故

八四三　四八九
六二七　六一五
一九五　二三七

五九一　七三二
七二六　五一六
三四八　九八四

西段庄有一寡婦只一子幼領養媳在家。

六運佳庚山甲向宅一間兩進屋中腰天

井內朝北開大門其房卯門日間夫妻和

好夜間進房即口角余觀其屋狹小無法

可改令其房外壁內作壁厨一個請

孔聖人、文昌、魁星像供內朝夕焚香

點燭禮拜數月而安此非形家之法以地

理之道參河洛之奧妙也

四三　　五　九八　　六七

二反　　三　七六　　三四

龕　五　　無　　二九反

七運　　乾宅巽向

巽離坤橫街朝對兩間高樓坐河入宅數
月卽病腹生塊甚大服藥無效搬出卽愈
宅向五黃故也

四八九　一六五　六一五　八四九　二三七　三二七

七三二　五九一　五一六　七二六　九八四　三四八

四八九　八四三　六一五　六二七　二三七　一九五

明末　唐茂芝祖墳　七運寅山申向

艮龍初葬十餘年傷男女十七人絕兩房

獨存一房八九運大發科甲

六運　丙山壬向兼午子

甲卯乙三义水亮坎水艮後發痴即改艮

丁山癸向兼未丑一分痴即愈

錢維城狀元祖墳 二運丑山未向

八三四 二六七
一五九 四八三
六七二 九一五

皆峰乚未年葵葵下即發至五運壞官破

十道坎卯午丁未坤皆消出末艮辛乾上

財

秦容莊祖墳 四運壬丙兼子午

六二一 二六七
四九五 四八三
八七三 九一五

艮上來水之源從卯巽午坤止交五運大

旺甲午科中式舉人六運陞官

許叔興祖墳

五運　未山丑向兼坤艮

庚酉上水來未坤低田丁未龍丑艮寅池
塘乾上平氣卯乙水乾隆三十八年癸巳
用葬下即發至六運嘉慶四年己未三月
弟死戊寅年生人得年四十二歲

五運　坤山艮向兼未丑

八四三　五一九
六二七　三八四
一九五　七六二

亥壬子癸水來巽辰乙卯甲水來合消艮

寅方大房生而不育財可二房財少丁有

三房剋妻後改未山丑向兼丁癸得生

五運　酉山卯向兼辛乙

一五六　六一二
三七二　八三七
八九四　四五九
（伏）

丙氣卯乙辰水辰上伏吟甲寅年犯人命

庚申辛酉年連傷五丁

一五六　六一二
三七二　八三七
八九四　四五九

六一二　一五六
八三七　三七二
四五九　八九四

四五九
八三七
八九四

五運　酉山卯向

震坤離水皆大艮丑癸小蕩庚酉小水消

出巽辛戌乾亥山乾氣坤巽二峰尖秀巽

後丁財大旺

又　卯山酉向

庚酉辛戌乾亥水巽上高峰艮上浜兜五

運初年遷六運大發

王坤元祖墳　上倉頭

五運

丙山壬向兼午子

坎上蕩巽巳丙午丁蕩坤蕩尖射酉辛低

乾上浜水遠大房絕二房於乾隆五十

二年丁未剋妻財發萬餘金

又一墳於六運用卯山酉向十餘年

之間敗絕

六二一　七三二

四九五　五一六

八七三　九八四

八　一　六
三　七　五
九　二　四

四　八　六
三　五　
九　　　五

俞姓上倉頭　五運　卯山酉向

離方山岡從巽震艮山勢反弓斜去卯方

朝西略開面微似有脈左首坤方山勢稍

抱右首坎方無砂坤申方山灣內水來聚

於庚酉辛方戌乾亥低窪曠野無際坎方

高田癸時只有一子年十歲極貧苦以後

流落姑蘇幫工度日後出販參回家大發

東家甚喜分銀二十餘萬以答其情後孫

輩二十餘人入泮者五六人遷居松江府
此地係乾隆三十年間遇地仙李國賓所
葵蓋亦有緣也

一運

子山午向 要取申庚水或丁未水輔星

戌山辰向 在坤 直要得乾離艮坎巽水消乾

坤山艮向兼申寅 要震巽離坤兌水消乾 出離不兼取離坤兌消

甲山庚向不兼取震艮離水

乙山辛向 取艮坎乾兌水

巳山亥向 取艮坤乾兌水

巽山乾向 取巽坎乾兌水

未山丑向　　取坎離艮震水。

酉山卯向　不兼　取巽離艮坎水消乾。

乾山巽向　　十道　坎離震兌水。

丙山壬向　　　　坎離震兌水。

辰山戌向　　乾坎艮兌水消巽。

丁山癸向　　坎離乾兌水。

右為陰午丁至巳丙此

二運

辰山戌向　　須乾兌艮坎水消震。

戌山辰向　　須巽乾離坤兌○

亥山巳向　　乾兌艮坎消震○

甲山庚向　　坎兌離震艮

卯山酉向　　坎離震兌坤○

乙山辛向　　巽離震兌坤○

壬山丙向　　甲庚壬丙艮

艮山坤向兼　寅申順坎離乾巽艮坤○
　　　丑未逆

庚山甲兼酉卯　巽離坤兌艮初用乾水○
不兼取離坎坤艮乾水

巳山亥兼巽乾　兌巽離水不兼取乾巽
　　　　　　　坎艮消震

乾山巽　此地卯上有水令星到即發

三運

卯山酉　得坤水取輔星成五吉

甲山庚　取震巽乾艮水

癸山丁　十道
　　　　多兼丑未七順布子午逆布

午山子　坎乾水三八為朋
　　　　位位是破軍

丑山未兼戌五吉三八為朋
　　　　坎九逆布坎乾水取得輔星

庚山甲　離巽水為宗矣。

辛山乙　單用只能酉辛水為補救矣。

亥山巳　坐空法須坤申水輔四凶水

消出坤更妙

辰山戌　末用巽乾艮離兌水為五吉艮

離宜大

四運

辛山乙　乙水得輔星吉一路行

丑山未向入中　巽離坤庚五水成五吉。

乙山辛　離震兌乾水末年可用

甲山庚　要向天心尋十道

癸山丁兼子午　　鄭大美祖墳

乾亥酉辛水壬子屋癸丑水艮寅

甲未坤水卯乙水巽平田乾隆二

十年亥葵至　年癸巳五運傷兩丁巳

有田二千餘畝孫五人

三七八　五一九
五九四　三八四
一二六　七六二

丙山壬　用四吉水艮乾水為輔救初

運用坎水末年不用坎水謝

姓於四運內遷申山寅向大

不利改葵丁山癸向即安此

地坎上城門至艮灣轉辰巽

浜頭在末年癸

甲山庚

杜玉林墳乾响兑水在龍泉

巷內蘇慶灣此地董華星作

子山午　多兼則逆少兼則順不兼則

　　　　另有變局在四正向不兼陽

　　　　四隅向不兼陰

巽山乾　要用打刦法須兼巳亥

乾山巽逆取震兌巽離坤水

　　　　坎坤二處各堆一墩

辰山戌可用巽水巳丙宜向天門上

　　　　亥壬向得巽風吹

戌山辰　四運時用令星要雜八白在

壬癸丑艮水六運要取一白

水在內

五運

庚山甲　巽空氣卯蕩巽後四子不育

癸山丁　戌乾水艮池消出丁癸卯年

　　　　癸丁財秀俱發

戌山辰　巽震丑坎水於乾隆四十五

年庚子葬後丁財大妙

亥山巳　坎乾蕩乙辰巽水此所謂戌

乾巳文曲拱連次

艮山坤　巳丙宜向天門上

巳山亥　八神四個二

乙山辛卯酉乾兌大蕩巽上略見水於

乾隆四十一年丙申葬後

即大發此地鎮江須姓

乙山辛　未坤來水庚酉辛橫過戌乾
有水丁財好至六運又甚大利

丁山癸　強增大祖墳午水戌乾亥來

巽山乾　取乾坎艮兌水
水之源艮寅出口至乾隆五

辰山戌　取乾亥壬水
十年乙巳六運初交好起

坤山艮　丑蕩乙丑年三月生產子母皆亡

未山丑　乾兌屋生三子　一屬羊皆啞
　　　　　　　　　　　一屬馬

乾山巽亥
巳酉辛求水坎浜艮來水卯乚
求水離消出丁財好二房妻尅

六運

丙山壬　午子離氣坤插浜兌小水乾坎
水重朝艮消出匚倫祥於
乾隆五十二年丁未用

丁山癸馬山丁參改祖墳

艮主峰轉到乾上拖下山腳

癸上澗水來卯太湖水癸亥

年巽甲子年即中

丁山癸

有坎離水須兼午子無雜水

須兼未丑用一路行

壬山丙巳兼亥震巽坎離坤水此五吉之

局宜小宜大

寅山申庚兼甲亥壬水雜為一六共宗

辛山乙　乾兌氣卯乙水聚坎水至艮
　　　　轉灣於嘉慶六年辛酉產丁
　　　　　　　　　　　　　　　五月
　　　　　　　　　　　　　　　四

巽山乾　坎水响乾求水坤消癸亥年
　　　　大房傷丁　侯春官父墳

坤山艮　艮水坤水大巽水嘉慶
　鄭正祺　　　　　　十年丑五月傷屬兔人
　祖墳

亥山巳兼乾　坎乾水於嘉慶九年甲子
　　　巽　　　　　　　　　　　　　　　乙
　　　　　　九月傷孕孕婦

戌山辰　嘉慶四年己未用中元六運第十六年

卯乙巽水來坤消出艮屋即

於是年改葬癸丁兼子午五

年庚申十月生產傷婦

乙山辛改葬乾水長大來酉辛水坤消

丑山未陽宅巽屋丁卯年痢疾傷丁

乙山辛改葬乾水長大來酉辛水坤消

出坎蕩乾隆五十二年村

傷屬猴生人

艮山坤

陳裕奎　坎屋乾三爻水來坤水長
父墳

大來午丁水亮巽消出　於五運中
一年丙申用四十二年六月犯人　乾隆四十
命至嘉慶七年壬戌七月間小房
子起病九月十五癸未日死

丙山壬兼午子　七運甲離峰離氣
子　乙丑年
丁俱從口內發病連傷數丁　七年癸離峰離氣正月小

七運　陽宅　辛乙兼戌辰 分四

向對兌七金氣內戶制化之法宜承丙丁
辰巽巳坤申諸方門路皆吉忌艮坎兌三
方有路有門即竈位火宜丙丁未坤諸方
忌震巽艮兌四方現向乙卯是方兌金所
居火門向此為火尅金兌金主肺故有虛
寒微恙宜改丁方求為安穩上房門現在
正床之巽巳方是方六白乾金所臨門外

來路現向庚方進房宜將此屏門移前一
架此門在房門之申方佈着八白艮土所
臨與巽巳方所得星辰金土生生定卜多
男之慶

編號	書名	作者	提要
62	地理辨正補註 附 元空秘旨 天元五歌 玄空精髓 心法秘訣等數種合刊	【民國】胡仲言	貫通易理、巒頭、三元、三合、天星、中醫 公開玄空家「分率尺、工部尺、量天尺」之秘
63	地理辨正自解	【清】李思白	
64	地理辨正釋義	【民國】許錦灝	民國易學名家黃元炳力薦
65	地理辨正天玉經內傳要訣圖解	【清】程懷榮	秘訣一語道破，圖文并茂
66	謝氏地理書	【民國】謝復	玄空體用兼備，深入淺出
67	論山水元運易理斷驗、三元氣運說附紫白訣等五種合刊	【宋】吳景鸞等	失傳古本《玄空秘旨》《紫白訣》
68	星卦奧義圖訣	【清】施安仁	
69	三元地學秘傳	【清】何文源	三元玄空門內秘笈 清
70	三元玄空挨星四十八局圖說	【心一堂編】	鈔孤本
71	三元挨星秘訣仙傳	【心一堂編】	過去均為必須守秘不能公開秘密
72	三元地理正傳	【心一堂編】	與今天流行飛星法不同
73	三元天心正運	【心一堂編】	
74	元空紫白陽宅秘旨	【心一堂編】	
75	玄空挨星秘圖 附 堪輿指迷	【心一堂編】	
76	元空法鑑批點本——附 法鑑口授訣要、秘傳玄空三鑑奧義匯鈔 合刊	【清】姚文田等	門內秘鈔本首次公開
77	元空法鑑心法	【清】曾懷玉等	玄空六法
78	姚氏地理辨正圖說 附 地理九星并挨星真訣全圖 秘傳河圖精義等數種合刊	【清】姚文田等	
79	曾懷玉增批蔣徒傳天玉經補註【新修訂版原（彩）色本】	【清】項木林、曾懷玉	蓮池心法
80	地理學新義	【民國】俞仁宇撰	
81	地理辨正揭隱（足本） 附連城派秘鈔口訣	【民國】王邈達	揭開連城派風水之秘
82	趙連城傳地理秘訣附雪庵和尚字字金	【明】趙連城	
83	趙連城秘傳楊公地理真訣	【明】趙連城	
84	地理法門全書	仗溪子、芝罘子	深入淺出，內容簡核
85	地理方外別傳	【清】熙齋上人	巒頭形勢、「望氣」
86	地理輯要	【清】余鵬	「鑑神」 集地理經典之精要
87	地理秘珍	【清】錫九氏	巒頭、三合天星，圖文並茂
88	《羅經舉要》 附《附三合天機秘訣》	【清】賈長吉	清鈔孤本羅經、三合訣法圖解
89–90	嚴陵張九儀增釋地理琢玉斧巒	【清】張九儀	清初三合風水名家張九儀經典清刻原本！